Alma Flor Ada · F. Isabel Campoy

Ratoncito Pérez, cartero

ILUSTRACIONES DE

Sandra López Escrivá

SANTILLANA USA

© Del texto: 2002, Alma Flor Ada y F. Isabel Campoy
© De esta edición:
2015, Santillana USA Publishing Company, Inc.
2023 NW 84th Ave, Doral, FL 33122

PUERTAS AL SOL / Lengua D: *Ratoncito Pérez, cartero*

ISBN: 978-1-63113-547-7

Dirección editorial: Norman Duarte
Cuidado de la edición: Jesús Vega
Dirección de arte: Felipe Dávalos
Diseño: Petra Ediciones
Ilustraciones: Vivi Escrivá
Montaje de Edición 15 años: GRAFIKA LLC.

Published in the United States of America
Printed in the USA by Bellak Color Corp.
20 19 18 17 16 15   1 2 3 4 5 6 7 8 9

Para Irene Davis,
abuela amorosa,
y a todos sus
nietos.

Siete cabritillos

Los tres cerditos

BIBLIOTECA

Pérez y Martina

Supermercado

Gallo Perico

Caperucita

Los tres osos

Familia conejil

4

Un nuevo trabajo para Ratoncito Pérez

*R*atoncito Pérez está triste y preocupado.

—No tengo nada que hacer —le dice a su esposa, Martina—. Todos los niños han cambiado los dientes. Y no tengo que recogerlos de debajo de las almohadas. Es mi único trabajo. ¿Qué voy a hacer?

¡Rin! ¡Rin! ¡Rin!

—Oigo —responde Ratoncito.

—Tengo un trabajo para ti —dice el gallo Perico.

—¿Qué clase de trabajo? —pregunta Ratoncito.

—Trabajo de cartero —responde el gallo Perico—. Para repartir las cartas y los telegramas.

—¿Y qué necesito hacer? —pregunta Ratoncito.

—Necesitas saber bien el nombre de las calles y caminos. Y estar bien temprano en la oficina de correos cada día.

—Gracias —dice Ratoncito, contento—. Acepto con mucho gusto.

—Muy bien. Te espero a las seis de la mañana. Hasta mañana —dice Perico, y cuelga.

De mañanita

$\mathcal{E}$l gallo Perico canta tempranito
por la mañana.
Ratoncito Pérez se despierta.
Mira el reloj.
Son las cinco de la mañana.
Ratoncito se levanta.
Se lava la cara.
Se cepilla los dientes.
Se viste.
Se peina.
Va a la oficina de correos.

En la oficina de correos

Ratoncito llega a la oficina de correos.
El gallo Perico lo saluda:

—Buenos días, Ratoncito Martín Pérez.
¿Cómo estás?

—Muy bien, gracias, Gallo Perico. ¿Y tú?

—Más o menos. Estoy un poco resfriado.

—Lo siento —dice Martín.

Ratoncito Pérez saca una naranja de su mochila.

—Toma —dice Ratoncito Pérez—. Te hará bien.
Tiene vitamina C. Y la vitamina C es buena
para el resfrío.

—Muchísimas gracias —responde
Perico.

Cerdito III

Pulgarcita

Mamá Osa

Ratoncito Pérez ordena las cartas.
Mira el mapa de Valle del Sol.
Pone las cartas en la gran cartera
de cartero. Y se va cantando:

Soy el cartero.
Cartero soy.
Buenas noticias
le traigo hoy.

Soy el cartero.
Cartero soy.
Un telegrama
a usted le doy.

Soy el cartero.
Cartero soy.
Llevo las cartas
y ya me voy.

En casa de los tres osos

*L*a primera carta que entrega Ratoncito Pérez va dirigida a Señor Oso y Sra.
La Señora Osa invita a pasar a Ratoncito Pérez.
Le sirve un vaso de leche con miel.
A la Señora Osa le gusta mucho la miel.
Luego lee la carta.
La carta dice:

Villa Ricitos
Alameda de las Rosas No. 3
Lindero del Bosque

1 de octubre
Estimados Papá Oso y Mamá Osa:

¿Podría venir Osito a jugar a mi casa?
Tengo un juego de damas nuevecito.
Les pido perdón por probar la sopa de Papá
Oso. (¡Estaba muy caliente!) Por probar la sopa
sopa de Mamá Osa. (¡Estaba muy fría!) Y también
por tomarme toda la sopa de Osito. (Estaba
riquísima.)
También les pido perdón por sentarme en el sillón
de Papá Oso. (Es muy alto.) Por sentarme en la
silla de Mamá Osa. (Es muy baja.) Y por romper
la sillita de Osito. ¡Fue sin querer!
Espero a Osito cualquier tarde a las cuatro, para
jugar y merendar.

Con cariño,
Ricitos de Oro

P.D. La cama de Papá Oso es muy dura. La de mamá Osa
es muy blanda. Pero la de Osito es perfecta.

En casa de la familia Conejil

La familia Conejil tiene su casa
en las raíces de un viejo roble.
Ratoncito Pérez trae un largo tubo de
cartón. Viene por correo certificado.
Necesita la firma de la Señora Conejil.
Mamá Coneja invita a pasar a Ratoncito
Pérez. Le convida a un vaso de jugo de
zanahorias y un trozo de pastel
de zanahorias.
Mientras Ratoncito come el pastel
y bebe el jugo de zanahorias, Mamá
Coneja abre el paquete.
Se pone muy contenta.
Cuelga enseguida en la pared
el dibujo que venía en el tubo.

En la casita del bosque

Ratoncito Pérez camina mucho
hasta llegar a la casita del bosque.

En la casita del bosque
hay un buzón de color azul.
El buzón dice: "Siete enanitos".
Ratoncito Pérez deja un grueso
catálogo en el buzón.
¡Cómo se van a divertir los
enanitos mirándolo!

Chaquetas y abrigos

Impermeable

Chaqueta de tela vaquera o blue jean

Saco para vestir elegante

Chaqueta o chamarra de cuero

Gorro de lana

■ P
■ M

Sombrero de copa

■ P
■ M
▭ G

Abrigo de lana

Gorra con visera

Boina

Caperuza

De regreso a casa

Ratoncito Pérez va de regreso a casa.
Está muy cansado. Al pasar por la casa de los Tres
Cerditos, ve a Cerdito Tercero. Cerdito Tercero
llega en su moto.

—¡Hola, Martín Pérez! ¿Por qué se te ve tan
cansado?

—Buenas tardes, Cerdito. Es que soy el nuevo
cartero. Y la ruta es muy larga.

—Yo no creo en el servicio de correos —dice
Cerdito Tercero—. Es muy lento. Yo sólo uso el
Internet. Aprietas una tecla y tu mensaje ya está al
otro lado del mundo. Ya no hacen falta los
carteros.

A Ratoncito Pérez no le gusta esta conversación.
Tampoco le gusta discutir. Sólo dice:

—Bueno… adiós. Que pases una buena tarde.
Y sigue caminando cansado, despacito,
de regreso a casa.

Pérez y Martina

Cuando Ratoncito Pérez llega a casa encuentra a Martina estudiando. Martina va a la universidad. Martina le pregunta:

—¿Cómo fue tu primer día de cartero?

—Tuve momentos muy agradables. Le llevé a la señora Osa una carta de Ricitos. Le llevé a la señora Conejil un cartel con fotos de su familia. ¡Le encantó!

—¡Qué divertido! —dice Martina.

—Pero también tuve que caminar muy lejos, hasta la casa de los Enanitos.

Ratoncito sonríe. —Mañana usaré mis zapatillas de deportes —luego se pone serio y le dice a Martina:

—Cerdito Tercero dice que el correo ya no es importante. Él usa sólo el Internet. Dice que ya no va a haber más carteros.

Martina no dice nada. Se queda pensando.

El Castillo de Irás y No Volverás

A la mañana siguiente en la oficina de correos hay un paquete grande y pesado.

El paquete es para el Brujo Malvado del Castillo de Irás y No Volverás.

El camino al castillo es largo y escarpado.

Ratoncito tiene un poco de miedo.

La verdad es que tiene mucho miedo. Muchísimo miedo.

Pero sigue adelante.

Un lacayo recibe el paquete.

Ni siquiera da las gracias.

Ratoncito baja por el camino lo más rápido que puede.

Va oyendo las carcajadas del brujo:

¡JA, JA, JA!

Le queda una sola carta por repartir.

La carta es para los Siete Enanitos.

Todo para Brujos
Cima del Monte Viejo
Cordillera Desolada

Brujo Malvado
Castillo de Irás y No Volverás
Fin del Camino Real

El paquete del Brujo Malvado

El brujo abre el paquete.
Es un libro.
El brujo lee el índice del libro.

Índice

Recetas mágicas
Para convertirse en búho
Para convertirse en gato
Para convertirse en murciélago

Encantamientos
Para volverse invisible
Para volar

Para transformarse en búho

Ingredientes:

Tres ranas verdes
Dos plumas blancas
Un gato negro
Un ratón gris
Cuatro flores moradas
Cinco arañas negras
Seis murciélagos negros
Siete hormigas rojas
Ocho hojas verdes de albahaca
Periódicos viejos
Agua
Harina

Procedimiento:

Ponga la harina en un caldero de hierro.

Mójela con el agua hasta hacer una pasta.

Eche dentro las flores, las plumas y las hojas.

Remuévalo todo con el rabo del gato.

Cubra el suelo con los periódicos.

Extienda la pasta sobre los periódicos.

Envuélvase en los periódicos, junto con el ratón, las ranas

las arañas, los murciélagos, las hormigas.

Duerma hasta que suenen las doce

campanadas de la medianoche.

A esa hora se despertará convertido en búho.

¡Buena suerte!

Una carta de Blancanieves

La carta que deja en el buzón
de la casita del bosque dice así:

Palacio de Marfil
Cerro Blanco

5 de agosto

Señores Enanos
Villa Secreta
Bosque Callado

Queridos amigos:

Mis dos hijos, el Príncipe Amado y la Princesa
Serena, tienen muchos deseos de conocerlos.
Les he hablado mucho de ustedes.
¿Podemos ir a visitarlos el mes próximo?
Nosotros tres, mis dos hijos y yo, podemos
pasar una semana con ustedes.
Espero su respuesta.
Estoy siempre muy agradecida por todo
lo que hicieron por mí.
Un beso para cada uno = siete besos.

Blancanieves

Martina tiene una idea

Mientras Ratoncito Pérez reparte el correo,
Martina va de compras.
Compra dos frascos de mermelada: uno de
mango y otro de guayaba.
Prepara un paquete con mucho cuidado.
Escribe **FRÁGIL** con un marcador rojo.
Lo lleva a la oficina de correos.
Sonríe por todo el camino.
Es una sorpresa.

Una alegría para Ratoncito

$\mathcal{E}$s su tercer día de cartero.
Ratoncito recoge las cartas para repartir.
Hay también un paquete.
Dice **FRÁGIL** con letras rojas.

El paquete es para Cerdito Tercero.
Martín Pérez llega a casa de Cerdito Tercero.

Martín Pérez toca el timbre. Cerdito Tercero abre.

—¡Buenos días! —dice Ratoncito Pérez—.
Un paquete para ti.

—¿Para mí? ¡Qué raro! —dice
Cerdito Tercero.

Cerdito lo abre.

—¡Mermelada! ¡De mango! ¡De guayaba!
¡Mis favoritas!

Cerdito Tercero está encantado.

—Ven, pasa —le dice
a Martín—. Merienda
conmigo. ¿Quién me
habrá mandado este
paquete? ¿Lo sabes tú?